もくじ

教育出版版 国語 6年 準拠

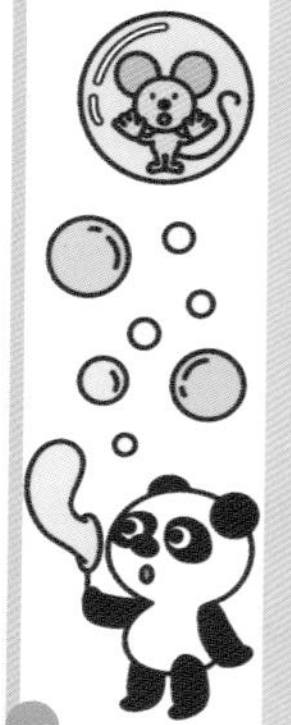

教科書の内容　ページ

教科書 上

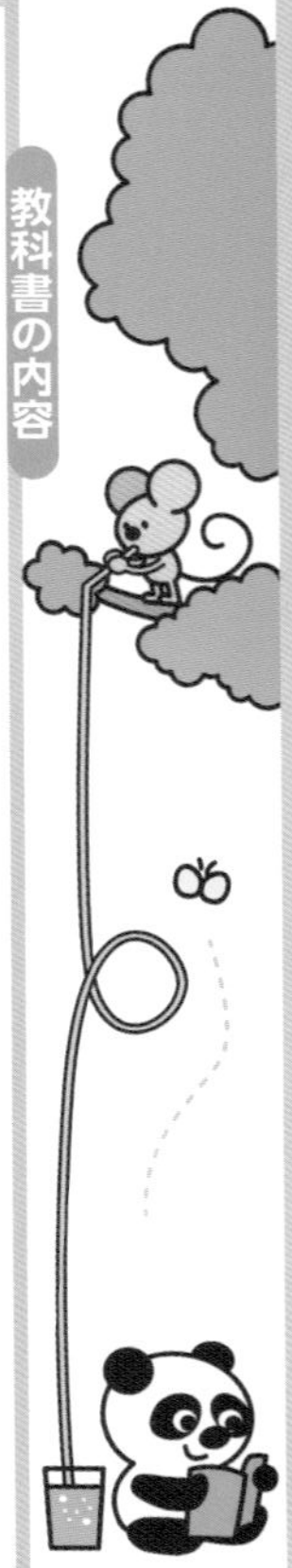

きほん 1

あの坂をのぼれば

教科書㊤13〜21ページ

月　日

10分　／100点

1 ――の漢字の読み仮名《がな》を書きましょう。　一つ7〔56点〕

(1) 背筋をのばす。（　）
(2) 幼い弟。（　）
(3) 表と裏。（　）
(4) 力を奮い起こす。（　）
(5) 磁石のN極。（　）
(6) 背比べをする。（　）
(7) 筋肉をきたえる。（　）
(8) ちょうの幼虫。（　）

2 次の言葉の意味を下から選んで、――で結びましょう。　一つ4〔20点〕

(1) 草いきれ　・　　・ア　言葉のうまい言い回し。
(2) そいね　・　　・イ　遠くを見わたす。
(3) 言葉のあや　・　　・ウ　夏の草むらのむっとする空気。
(4) しおざい　・　　・エ　海が満ちてくるときの波の音。
(5) 見はるかす　・　　・オ　人に寄りそってねること。

3 （　）にあてはまる言葉をア〜エから選んで、記号で答えましょう。　一つ6〔24点〕

(1) 桜の花びらが（　）とまい落ちる。
(2) ぶたいに立って、足が（　）する。
(3) 大勢の人で、会場内が（　）する。
(4) 勝った喜びが（　）とこみ上げる。

ア　じわじわ　　イ　ひらひら
ウ　がくがく　　エ　むっと

答えは65ページ

かくにん 1

あの坂をのぼれば

教科書㊤13〜21ページ

月　　日

10分　／100点

1 □にあてはまる漢字を書きましょう。　一つ12〔48点〕

(1) □□《せすじ》がのびる。　(2) □《おさな》いころの写真。

(3) 勇気を□《ふる》い起こす。　(4) □□《じしゃく》が北をさす。

2 （　）にあてはまる言葉をア〜オから選んで、記号で答えましょう。（記号は一回ずつしか使えません。）　一つ8〔40点〕

(1) ぼくは山へ行きたい。君（　）どこへ行きたいの。

(2) 見たり聞い（　）したことを書く。

(3) どんなに苦しく（　）あきらめない。

(4) 宿題を終える（　）、あと三十分かかりそうだ。

(5) 次（　）は、テストで百点をとってみせよう。

ア　まで　　イ　は　　ウ　こそ

エ　たり　　オ　ても

3 ――の言葉と同じ意味で使われているほうの文に、○をつけましょう。　一つ6〔12点〕

(1) しごく大ざっぱな表現だ。

ア（　）大会前の合宿で選手たちをしごく。

イ（　）これはしごく易しい問題だ。

(2) 今はたとえ苦しくとも、いつかは必ずむくわれるとかれは信じていた。

ア（　）たとえ貧しくとも幸せだ。

イ（　）そのたとえはおもしろい。

答えは65ページ

きほん 2

教科書 ㊤ 24～31ページ

言葉の文化① 春はあけぼの
言葉の広場① 主語と述語の対応をかくにんしよう

月　日

10分

／100点

1 ――の漢字の読み仮名《がな》を書きましょう。　一つ8〔56点〕

(1) 雨が降る。（　　）

(2) 夕暮れの空。（　　）

(3) 灰がちる。（　　）

(4) 霜《しも》が降りる。（　　）

(5) 暖かい一日。（　　）

(6) 私のふるさと。（　　）

(7) 将来の夢。（　　）

2 主語と述語が正しく対応した文になるように、次の言葉に合うものを下から選んで、――で結びましょう。　一つ8〔24点〕

(1) 私は、　・　　・ア　私の短所だ。

(2) 気の短い点が・　　・イ　気が短いところだ。

(3) 私の短所は、　・　　・ウ　気が短い。

3 （　）にあてはまる言葉をア～エから選んで、記号で答えましょう。　一つ5〔20点〕

(1) 明け方の空が（　）白くなっていく。

(2) 日が（　）しずんでしまい、あたりは真っ暗だ。

(3) 火をおこす様子が、（　）冬らしい。

(4) 蛍《ほたる》が飛ぶ様子は、（　）とした感じがする。

ア　すっかり　　イ　しみじみ

ウ　だんだん　　エ　いかにも

答えは65ページ

かくにん 2

教科書㊤24～31ページ

言葉の文化① 春はあけぼの
言葉の広場① 主語と述語の対応を
かくにんしよう

月　日

10分　／100点

1 □にあてはまる漢字を書きましょう。　一つ10〔70点〕

(1) □□《ゆうぐ》れの町。

(2) 火鉢《ばち》に□《はい》が残る。

(3) □《あたた》かい地方。

(4) あなたと□《わたし》。

(5) 国の□□《しょうらい》を考える。

(6) □□□《かんだんけい》が上がる。

(7) □□《してつ》に乗る。

2 ――の言葉を、漢字と送り仮名《がな》で書きましょう。　一つ5〔10点〕

(1) 雪がたくさんふる。（　　）

(2) 次の駅でおりる。（　　）

3 次の文の主語と述語が正しく対応するように、――の部分を書き直しましょう。　一つ10〔20点〕

(1) この店の開店時間は、午前十時に開きます。（　　）

(2) 毎日勉強したおかげで、わたしは先生から「ずいぶん成績が上がったね。」と言いました。（　　）

答えは65ページ

きほん 3

教科書㊤32〜33ページ

漢字の広場①
三字以上の熟語の構成 (1)

月　日

10分　／100点

1 ――の漢字の読み仮名《がな》を書きましょう。　一つ6〔60点〕

(1) 熟語の読み方。（　）
(2) 列に並ぶ。（　）
(3) 国の諸問題。（　）
(4) 貴金属（　）
(5) 棒磁石を使う。（　）
(6) ピアノの演奏。（　）
(7) 電車賃をはらう。（　）
(8) 中間層の支持。（　）
(9) 自己主張（　）
(10) 一進一退（　）

2 次の熟語の構成はどのようになっていますか。ア〜エから選んで、記号で答えましょう。　一つ5〔30点〕

(1) 旧正月（　）
(2) 森林公園（　）
(3) 保健室（　）
(4) 市町村（　）
(5) 衣食住（　）
(6) 未完成（　）

ア　一字の語が並ぶ。
イ　一字と二字の語が結びつく。
ウ　二字と一字の語が結びつく。
エ　二字と二字の語が結びつく。

3 □にあてはまる漢字を、［　］から選んで□に書きましょう。　一つ5〔10点〕

(1) □公式の見解。□
(2) □安定なつくえ。□

［不　非　無］

答えは65ページ

かくにん 3

教科書㊤32〜33ページ

漢字の広場①
三字以上の熟語の構成（1）

月　日

10分　／100点

1 □にあてはまる漢字を書きましょう。　一つ7〔56点〕

(1) 三列に□《なら》ぶ。

(2) 運営上の□□□《しょもんだい》。

(3) □□□《きんぞく》を売る。

(4) 楽器を□□《えんそう》する。

(5) 電車□《ちん》を調べる。

(6) 若《わか》い□《そう》に人気がある。

(7) □□《じこ》評価

(8) 一進□□《いったい》の様子。

2 次の熟語と構成が同じものをア〜エから選んで、記号で答えましょう。　一つ5〔20点〕

(1) 卒業式（　　）　(2) 低予算（　　）

(3) 松竹梅（　　）　(4) 工業生産（　　）

ア　大音量　　イ　横断歩道

ウ　温度計　　エ　大中小

3 次の言葉の省略した形を書きましょう。　一つ6〔24点〕

(1) 入学試験（　　　）　(2) 図画工作（　　　）

(3) 最終電車（　　　）　(4) 高等学校（　　　）

答えは65ページ

きほん 4

教科書 ㊤ 32〜33ページ

漢字の広場① 三字以上の熟語の構成 (2)

月　日

10分　／100点

1 ——の漢字の読み仮名《がな》を書きましょう。 一つ6〔54点〕

(1) 郵便で送る。（　　）
(2) 文化遺産を守る。（　　）
(3) 下水の処理。（　　）
(4) 蒸気機関（　　）
(5) 対策を立てる。（　　）
(6) 大混乱の町。（　　）
(7) 工場の規模。（　　）
(8) 入場券を買う。（　　）
(9) 列が乱れる。（　　）

2 □に共通してあてはまる漢字をア〜エから選んで、記号で答えましょう。 一つ8〔32点〕

(1) 図書□——体育□（　　）
(2) 指定□——自由□（　　）
(3) □製品——□記録（　　）
(4) □速度——□品質（　　）

ア 新　イ 席　ウ 館　エ 高

3 〈例〉にならって、熟語の切れ目に（　）の数だけ／を入れましょう。 一つ7〔14点〕

〈例〉 市民／文化／祭（二つ）
(1) 国 立 競 技 場（二つ）
(2) 選 挙 管 理 委 員 会（三つ）

答えは65ページ

かくにん 4

教科書㊤32〜33ページ

漢字の広場① 三字以上の熟語の構成 (2)

月　日

10分

／100点

1 □にあてはまる漢字を書きましょう。　一つ7〔56点〕

(1) □□《ゆうびん》切手

(2) 世界□□《いさん》の城。

(3) ごみの□□《しょり》。

(4) □□《じょうき》が出る。

(5) 大雪の□□《たいさく》。

(6) 大□□《こんらん》となる。

(7) 大□□《きぼ》な工事。

(8) バスの乗車□《けん》。

2 □に共通してあてはまる漢字を下から選んで、——で結びましょう。　一つ6〔24点〕

(1) □完全——□可能・　・ア　無

(2) □加入——□解決・　・イ　不

(3) □意識——□関係・　・ウ　非

(4) □公開——□常識・　・エ　未

3 〈例〉にならって、四字熟語になるように、□にあてはまる漢数字を書きましょう。　両方できて一つ10〔20点〕

〈例〉七転八起

(1) □寒□温

(2) □石□鳥

答えは65ページ

きほん 5

教科書 上 34ページ

漢字の広場①
五年生で学んだ漢字①

月　日

10分

／100点

1 ――の漢字の読み仮《が》名《な》を書きましょう。　一つ4〔100点〕

(1) 白い布。（　　）

(2) 解説を読む。（　　）

(3) 開会を告げる。（　　）

(4) 芸術の鑑《かん》賞。（　　）

(5) 用件を伝える。（　　）

(6) 防災の日。（　　）

(7) 席を移動する。（　　）

(8) 学校の職員。（　　）

(9) 知識が増える。（　　）

(10) 道に迷う。（　　）

(11) 犯罪防止（　　）

(12) 仕事を任す。（　　）

(13) 祖父の老眼鏡。（　　）

(14) 額に入れた絵。（　　）

(15) 見張りの人。（　　）

(16) 駅を通過する。（　　）

(17) 不在の通知。（　　）

(18) 事務の仕事。（　　）

(19) 作品を絶賛する。（　　）

(20) 判定を下す。（　　）

(21) 銅像を建てる。（　　）

(22) 制服を着る。（　　）

(23) 素材を選ぶ。（　　）

(24) 好評を得る。（　　）

(25) 親切な応対。（　　）

答えは66ページ

かくにん 5

漢字の広場① 五年生で学んだ漢字①

教科書㊤34ページ

月　日

10分　／100点

1 □にあてはまる漢字を書きましょう。 一つ5〔100点〕

(1) 電車が□□《つうか》する。

(2) □□《しょくいん》の□□《おうたい》。

(3) □□《ひじょう》ベルの音。

(4) □□□《ろうがんきょう》をかける。

(5) 絵画を鑑《かん》□《しょう》する。

(6) 春を□《つ》げる。

(7) □□□《さっぷうけい》な部屋。

(8) □□《ちしき》が豊富だ。

(9) ビデオで□□《はんてい》する。

(10) □□《じむ》所へ行く。

(11) □□《はんざい》を防ぐ。

(12) くわしい□□《かいせつ》。

(13) 司会を□《まか》す。

(14) □□《せいふく》の□□《そざい》。

(15) □□《こうひょう》な料理。

(16) 今、母は□□《ふざい》だ。

(17) りっぱな□□《どうぞう》。

(18) 場所を□□《いどう》する。

答えは66ページ

教科書 上 36～51ページ

アイスは暑いほどおいしい？ ――グラフの読み取り 雪は新しいエネルギー ――未来へつなぐエネルギー社会 (1)

月　日

10分　／100点

1 ――の漢字の読み仮名《がな》を書きましょう。　一つ4〔56点〕

(1) 縦方向の目もり。（　）
(2) 異常気象（　）
(3) 危機がせまる。（　）
(4) やっかいな存在。（　）
(5) 除雪作業（　）
(6) 大型の冷蔵庫。（　）
(7) いもを保存する。（　）
(8) 糖に変化する。（　）
(9) 広い地域。（　）
(10) 名前を呼ぶ。（　）
(11) 各国の首脳。（　）
(12) 約二割の人。（　）
(13) 雪を捨てる。（　）
(14) 規模の拡大。（　）

2 ――の漢字の、二通りの読み仮名を書きましょう。　一つ5〔20点〕

(1)
① 除雪用の車。（　）
② 不良品を除く。（　）

(2)
① 四捨五入する。（　）
② ごみを捨てる。（　）

3 グラフを読み取るときに気をつけることをまとめました。（　）にあてはまる言葉をア～ウから選んで、記号で答えましょう。　一つ8〔24点〕

(1) 説明を読み、グラフが示している（　）を読み取る。
(2) グラフの目もりが何の（　）を表しているかを読み取る。
(3) グラフがどのように（　）しているかを読み取る。

ア　内容　　イ　変化　　ウ　すうち

答えは66ページ

かくにん 6

アイスは暑いほどおいしい？ ——グラフの読み取り 雪は新しいエネルギー ——未来へつなぐエネルギー社会 (1)

教科書㊤36〜51ページ

月　日

10分　／100点

1 □にあてはまる漢字を書きましょう。　一つ7〔56点〕

(1) □□《いじょう》に暑い夏。　(2) 線路の□□《じょせつ》。

(3) □□□《れいぞうこ》の中。　(4) でんぷん質と□《とう》。

(5) □□《ちいき》の祭り。　(6) 酸化と□《よ》ぶ。

(7) 分別して□《す》てる。　(8) □□《かくだい》して見る。

2 次の言葉に合うものを下から選んで、——で結びましょう。　一つ4〔16点〕

(1) 絶めつの危機が・　　・ア　まかなう。
(2) 地面を雪が・　　・イ　せまる。
(3) 出費を最低限に・　　・ウ　おさえる。
(4) 不足分は寄付金で・　　・エ　おおう。

3 次の言葉の意味をア〜エから選んで、記号で答えましょう。　一つ7〔28点〕

(1) げきてきに（　）　(2) 急速に（　）
(3) じょじょに（　）　(4) ていたいする（　）

ア　先に進まないこと。
イ　変化に富み心が強く動かされる様子。
ウ　少しずつ。
エ　物事の進み方がとてもはやい様子。

答えは66ページ

きほん 7

教科書㊤38～51ページ

雪は新しいエネルギー ――未来へつなぐエネルギー社会 (2)

月　日

10分　／100点

1 ――の漢字の読み仮《が》名《な》を書きましょう。一つ4〔44点〕

(1) 安全宣言（　　）
(2) 郷土の文化。（　　）
(3) バスの補助席。（　　）
(4) 天皇陛下（　　）
(5) 皇后陛下（　　）
(6) 党首の会見。（　　）
(7) 単純な形。（　　）
(8) 三権分立（　　）
(9) 親孝行をする。（　　）
(10) 厳しい寒さ。（　　）
(11) 傷を負う。（　　）

2 次の言葉の意味をア～エから選んで、記号で答えましょう。一つ5〔20点〕

(1) 再生（　）
(2) 削《さく》減（　）
(3) 排《はい》出（　）
(4) 生成（　）

ア　中にたまっているものを、外に出すこと。
イ　もとのものをけずって、数や量を減らすこと。
ウ　使えなくなったものを使えるようにすること。
エ　ものが新たにできあがること。

3 次の言葉とア～ウの外来語を――で結び、別の言葉を完成させましょう。一つ12〔36点〕

(1) 温室効果・　　・ア　メディアセンター
(2) 再生可能・　　・イ　ガス
(3) 国際　　・　　・ウ　エネルギー

答えは66ページ

かくにん 7

教科書㊤38〜51ページ

雪は新しいエネルギー ——未来へつなぐエネルギー社会 (2)

月　日

10分　／100点

1 **□にあてはまる漢字を書きましょう。** 一つ6〔42点〕

(1) □□《きょうど》の歴史。

(2) 自転車の□□《ほじょ》輪。

(3) □□□□《てんのうへいか》

(4) □□《こうごう》さまのご会見。

(5) □□《とうしゅ》会談

(6) □□《さんけん》分立について学ぶ。

(7) ひざの□《きず》が治る。

2 **反対の意味の言葉を□から選んで書きましょう。** 一つ7〔28点〕

(1) 増加 ←→ (　　)

(2) 低温 ←→ (　　)

(3) 直接 ←→ (　　)

(4) 結果 ←→ (　　)

減少　原因　高温　間接

3 **□にあてはまる言葉を□から選んで、漢字で書きましょう。** 一つ10〔30点〕

(1) 答えは□□明快だ。

(2) 国が食品の安全□□を出す。

(3) □□息子《むすこ》をじまんに思う。

こうこう　ぎょうむ　たんじゅん　せんげん

答えは66ページ

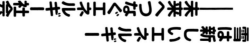

きほん 8

教科書㊤52～63ページ

パネルディスカッション ——地域の防災 言葉の文化② 雨

月　日

10分

／100点

1 ——の漢字の読み仮《が》名《な》を書きましょう。 一つ7〔56点〕

(1) 論題を示す。（　　）
(2) 討論する。（　　）
(3) 避《ひ》難訓練（　　）
(4) 簡潔に伝える。（　　）
(5) 俳句をよむ。（　　）
(6) 雨垂れの音。（　　）
(7) 語源を知る。（　　）
(8) 難しい問題。（　　）

2 次の言葉の意味をア～カから選んで、記号で答えましょう。 一つ6〔36点〕

(1) 論題（　　）
(2) パネリスト（　　）
(3) 提示（　　）
(4) ディスカッション（　　）
(5) 提案（　　）
(6) フロア（　　）

ア 参加者。
イ ある考えを出すこと。
ウ 討論のテーマ。
エ 資料などを見せること。
オ 意見を述べ合うこと。
カ 代表して討論する人。

3 関連づける言い方になっているものを二つ選んで、○をつけましょう。 一つ4〔8点〕

ア（　）先生のお話から、防災の大切さがよくわかりました。

イ（　）今日はこの会場に、多くの人が集まるでしょう。

ウ（　）工作の作品が、友達や先生からほめられました。

エ（　）先ほど話題になった体験談と同じように、私たちにも前もって知識が必要だということです。

答えは66ページ

かくにん 8

教科書㊤52〜63ページ

パネルディスカッション ——地域の防災
言葉の文化② 雨

月　日

10分　／100点

1 □にあてはまる漢字を書きましょう。　一つ10〔60点〕

(1) 今回の□□《ろんだい》。

(2) □□《とうろん》会を開く。

(3) 早めの避《ひ》□《なん》。

(4) 短歌と□□《はいく》。

(5) 雨□《だ》れ石をうがつ。

(6) □□《ごげん》を調べる。

2 次の言葉の意味をア〜ウから選んで、記号で答えましょう。　一つ8〔16点〕

(1) しのつく雨（　）　(2) 時雨《しぐれ》（　）

ア　秋から冬にかけて降ったりやんだりする雨。

イ　はげしく降る雨。　ウ　霧《きり》のように細かい雨。

3 ——の言葉の使い方が正しいほうに、○をつけましょう。　一つ8〔24点〕

(1)
ア（　）雨が降ろうがやりが降ろうが、とてもこまる。
イ（　）雨が降ろうがやりが降ろうが、必ず行く。

(2)
ア（　）「雨降って地固まる」のことわざどおり、けんかのあと、二人は前より仲よくなった。
イ（　）「雨降って地固まる」のことわざどおり、みんなはじっとがまんして待っていた。

(3)
ア（　）晴耕雨読ののどかな生活を送る。
イ（　）晴耕雨読のいそがしい毎日が過ぎる。

答えは66ページ

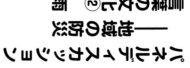

きほん 9

教科書㊤66～67ページ

漢字の広場②
複数の意味をもつ漢字

月　日

10分　／100点

1 ――の漢字の読み仮《が》名《な》を書きましょう。　一つ7〔70点〕

(1) 姿を見せる。（　　）
(2) 針仕事をする。（　　）
(3) 針葉樹林（　　）
(4) お金を預ける。（　　）
(5) 警察署の建物。（　　）
(6) 午前の勤務。（　　）
(7) 我々の主張。（　　）
(8) 機械の操作。（　　）
(9) 布を裁断する。（　　）
(10) 臨時列車（　　）

2 次の――の漢字の意味を下から選んで、――で結びましょう。　一つ3〔18点〕

(1)
① 象形《しょうけい》文字 ・　・ア 動物のぞう。
② 象の親子 ・　・イ 形となってあらわれたもの。
③ 現象 ・　・ウ かたどる。

(2)
① 秒針 ・　・ア はり。
② 針葉樹 ・　・イ 指し示す方向。
③ 指針 ・　・ウ はりの形をしたもの。

3 ――の漢字が□の意味で使われているほうに、○をつけましょう。　一つ6〔12点〕

(1) あらわす
ア（　）水の表面。
イ（　）人物の表情。

(2) 度をこす
ア（　）自分を過信する。
イ（　）過去のできごと。

答えは66ページ

かくにん 9

漢字の広場②
複数の意味をもつ漢字

教科書㊤66～67ページ

月　　日

／100点　10分

1 □にあてはまる漢字を書きましょう。　一つ8〔72点〕

(1) 月が□《すがた》を現す。

(2) □□□《しんようじゅ》の森林。

(3) 銀行に□《あず》ける。

(4) 市内の□□□《けいさつしょ》。

(5) □《われ》々の□□《きんむ》地。

(6) ロボットの□□《そうさ》。

(7) はさみで□□《さいだん》する。

(8) □□《りんじ》停車する。

2 ――の漢字の意味をア～キから選んで、記号で答えましょう。　一つ4〔28点〕

(1)
① 額に入れた絵。（　　）
② 額に手を当てる。（　　）
③ 半額で買う。（　　）

(2)
① 用紙を配布する。（　　）
② 布巾《きん》をあらう。（　　）

(3)
① 感情を表現する。（　　）
② 現在の天気。（　　）

ア いま。　イ ぬの。　ウ ひたい。
エ お金のりょう。　オ がくぶち。
カ ゆきわたらせる。　キ あらわす。

答えは67ページ

きほん 10

教科書㊤68ページ

漢字の広場②
五年生で学んだ漢字②

月　日

10分

／100点

1 ――の漢字の読み仮名《がな》を書きましょう。　一つ4〔100点〕

(1) 一年間の平均。（　）

(2) ガラスの容器。（　）

(3) 略図を書く。（　）

(4) 輸出が増える。（　）

(5) 実態を調べる。（　）

(6) 一つの仮定。（　）

(7) 技術を学ぶ。（　）

(8) 体力の限界。（　）

(9) 人口が減少する。（　）

(10) 二つを比べる。（　）

(11) 営業の停止。（　）

(12) 工業製品（　）

(13) 燃料が必要だ。（　）

(14) 複雑な機械。（　）

(15) 役所に提出する。（　）

(16) 貿易で栄える。（　）

(17) 圧力をかける。（　）

(18) 修理をたのむ。（　）

(19) 無色の液体。（　）

(20) 検査をする。（　）

(21) 国際的な歌手。（　）

(22) 船の構造。（　）

(23) 利益が出る。（　）

(24) 学校の規則。（　）

(25) 設計図を見る。（　）

答えは67ページ

かくにん 10

教科書㊤68ページ

漢字の広場②
五年生で学んだ漢字②

月　日

10分　／100点

1 □にあてはまる漢字を書きましょう。　一つ5〔100点〕

(1) □□《ぎじゅつ》が進歩する。

(2) □□《せいひん》の□□《けんさ》。

(3) 海外に□□《ゆしゅつ》する。

(4) □□□□《じこぼうし》

(5) 建物が□□《はそん》する。

(6) □□《ねんりょう》が□《あま》る。

(7) 正しさを□□《しょうめい》する。

(8) □□《さんそ》ボンベ

(9) □□《こうりつ》よく働く。

(10) 色を□《ま》ぜる。

(11) 外国との□□《ぼうえき》。

(12) 深さを□□《そくてい》する。

(13) □□《もけい》の船。

(14) ビルの□□《こうぞう》。

(15) 宿題を□□《ていしゅつ》する。

(16) くわしい□□《しりょう》。

(17) 時計の□□《しゅうり》。

(18) 飛行機が□□《しゅっこう》する。

答えは67ページ

きほん 11

教科書㊤69～91ページ

川とノリオ (1)

月　日

10分　／100点

1 ――の漢字の読み仮《が》名《な》を書きましょう。　一つ4〔44点〕

(1) 年が若い。（　）
(2) 服を洗う。（　）
(3) テレビに映る。（　）
(4) 片一方のげた。（　）
(5) 先生を取り巻く。（　）
(6) 川岸の砂。（　）
(7) 穴倉に入る。（　）
(8) 本を探す。（　）
(9) 幾《いく》晩か先。（　）
(10) 干し草を集める。（　）
(11) 鏡に映す。（　）

2 （　）にあてはまる言葉を［　］から選んで書きましょう。　一つ7〔28点〕

(1) おこったように、戸を（　）しめる。
(2) 川のきれいな水が（　）流れていく。
(3) 池にボールが（　）うかんでいる。
(4) いくつもある荷物を（　）運んでいく。

［ さらさら　せっせと　ぷかぷか　ぴしゃりと ］

3 次の言葉の意味を下から選んで、――で結びましょう。　一つ7〔28点〕

(1) 夏《げ》至《し》・　　・ア 昼と夜の長さがほぼ同じになる日。
(2) 穀《こく》雨・　　・イ 一年のうち、昼間の時間が一番長い日。
(3) 秋分・　　・ウ 一年のうち、寒さが一番きびしいころ。
(4) 大寒・　　・エ 作物が育つ雨の降る、四月二十日ごろ。

答えは67ページ

かくにん 11

川とノリオ (1)

教科書㊤69～91ページ

月　日

10分　／100点

1 □にあてはまる漢字を書きましょう。　一つ10〔50点〕

(1) くつを□《あら》う。

(2) □《すな》の上を歩く。

(3) 暗い□□《あなぐら》。

(4) 幾《いく》□《ばん》か続く。

(5) □《ほ》し草

2 次の漢字の太い部分は何画めに書きますか。漢数字で書きましょう。　一つ7〔14点〕

(1) 片（　　）画め

(2) 巻（　　）画め

3 次のことわざや慣用句の意味をア～カから選んで、記号で答えましょう。　一つ6〔36点〕

(1) 恩《おん》に着る（　　）

(2) 座《ざ》がしらける（　　）

(3) 舌《した》を巻く（　　）

(4) おきゅうをすえる（　　）

(5) 的を射《い》る（　　）

(6) 欲《よく》に目がくらむ（　　）

ア　集まりの感じがよそよそしくなる。

イ　とてもおどろいて感心する。

ウ　行いをいましめるために、ばつを加える。

エ　お世話になったことをありがたく思う。

オ　ほしがる気持ちが強く、正しい判断ができなくなる。

カ　重要な点をとらえる。

答えは67ページ

きほん 12

川とノリオ (2)

教科書㊤69〜91ページ

月　日

10分　／100点

1 ――の漢字の読み仮名《がな》を書きましょう。　一つ4〔36点〕

(1) 穀雨のころ。（　　）
(2) 夏《げ》至の太陽。（　　）
(3) 恩に着る。（　　）
(4) 舌を巻く。（　　）
(5) 的を射る。（　　）
(6) 座がしらける。（　　）
(7) 欲に目がくらむ。（　　）
(8) ゴールに至る。（　　）
(9) 光が反射する。（　　）

2 （　）にあてはまる言葉を［　］から選んで、記号で答えましょう。　一つ8〔40点〕

(1) 悪さをした子を（　）しかる。
(2) 太陽が（　）照りつける。
(3) 大勢の人が（　）行き来する。
(4) 友達に（　）声をかける。
(5) 故郷の風景を（　）思う。

ア せわしく
イ やさしく
ウ まぶしく
エ なつかしく
オ きつく

3 （　）にあてはまる言葉をア〜ウから選んで、記号で答えましょう。　一つ8〔24点〕

(1) 山の中で聞く（　）のような川の音。
(2) 空に浮かぶたばこの（　）のような白い雲。
(3) じいちゃんの顔が（　）のようにぎゅっとゆがむ。

ア へいけがに　イ せせらぎ　ウ けむり

答えは67ページ

かくにん 12

教科書㊤69〜91ページ

川とノリオ (2)

月　　日

10分　／100点

1 □にあてはまる漢字を書きましょう。　一つ8〔56点〕

(1) □□《こくう》の時期。

(2) 夏《げ》□《し》の一日。

(3) □《おん》返しをする。

(4) □《した》を出す。

(5) 矢を□《い》る。

(6) □《ざ》をはずす。

(7) 人間の□《よく》。

2 ――の言葉を、漢字と送り仮名《がな》で書きましょう。　一つ6〔12点〕

(1) くつを手でごしごしあらう。（　　）

(2) ファンが歌手をとりまく。（　　）

3 次の表現にあてはまるものをア〜エから選んで、記号で答えましょう。　一つ8〔32点〕

(1) すすきのほが、旗をふった。（　）

(2) 川のにおいをかいだ。草のにおいをかいだ。（　）

(3) 町の上に広がる夕焼け空。（　）

(4) さざ波のあとのように、雲が空にうかんでいる。（　）

ア　体言止め　　イ　たとえ(比喩《ゆ》)

ウ　擬《ぎ》人法　　エ　くり返し

答えは67ページ

きほん 13

教科書㊤92〜101ページ

読書の広場① 地域の施設を活用しよう 聞かせて！「とっておき」の話 言葉の文化③ 「知恵《え》の言葉」を集めよう

月　日

10分　／100点

1 ――の漢字の読み仮名《がな》を書きましょう。　一つ8〔40点〕

(1) 資料を届ける。（　　）
(2) 施《し》設を訪ねる。（　　）
(3) 五人で班になる。（　　）
(4) 痛みを感じる。（　　）
(5) 頭痛が治る。（　　）

2 ――の言葉を、漢字と送り仮名で書きましょう。　一つ7〔28点〕

(1) 背の高さをくらべる。（　　）
(2) 答えの言葉をさがす。（　　）
(3) おまじないをとなえる。（　　）
(4) たきぎをもやす。（　　）

3 （　）にあてはまる言葉を［　］から選んで書きましょう。　一つ8〔32点〕

(1) 春の七草の暗記法

せり　なずな（　　）はこべら

ほとけのざ　すずな（　　）春の七草

(2) おそろしいものの順番

地しん（　　）火事　おやじ

(3) おめでたい夢の順番

一富士《ふじ》　二鷹《たか》　三（　　）

かみなり　なすび　すずしろ　ごぎょう

答えは67ページ

かくにん 13

教科書㊤92～101ページ

読書の広場①
地域の施設を活用しよう
聞かせて！「とっておき」の話
言葉の文化③
「知恵《え》の言葉」を集めよう

月　日

10分　／100点

1 □にあてはまる漢字を書きましょう。　一つ9〔36点〕

(1) 手紙を□《とど》ける。

(2) 家を□《たず》ねる。

(3) 五□《はん》に分かれる。

(4) 足の□《いた》みを取る。

2 次のことわざの意味をア～エから選んで、記号で答えましょう。　一つ10〔40点〕

(1) 帯に短したすきに長し（　）

(2) 人のうわさも七十五日（　）

(3) 笑う門《かど》には福来たる（　）

(4) 能《のう》ある鷹《たか》はつめをかくす（　）

ア 人のうわさというものは長続きしない。

イ 実力のあるものは、それをむやみにじまんしない。

ウ いつもにこにこしている人は自然に幸せがやってくる。

エ ちゅうとはんぱで役に立たない。

3 （　）にあてはまる言葉を□から選んで書きましょう。　一つ12〔24点〕

(1) なせば成る　なさねば成らぬ　何事も
成らぬは（　）の　なさぬなりけり

(2) かべに耳あり　障子《しょうじ》に（　）あり

〔人　目　足〕

答えは67ページ

きほん 14

教科書 上 102〜111ページ

あなたは作家
言葉の広場③ なぜ、わかり合えなかったのかな？

月　日

10分　／100点

1 ――の漢字の読み仮名《がな》を書きましょう。　一つ8〔40点〕

(1) 服装を整える。（　　）（　　）

(2) 親の視点。（　　）

(3) 宇宙船に乗る。（　　）（　　）

(4) 誤解を招く。（　　）（　　）

(5) 判断を誤る。（　　）

2 次の言葉の意味を下から選んで、――で結びましょう。　一つ6〔36点〕

(1)
① やま場　・　　・ア 場面が次のだん階へ動くこと。
② てんかい・　　・イ 物語で大きく変わるところ。

(2)
① きっかけ・　　・ア 始めるもとになるもの。
② 変容　　・　　・イ 姿や形、状態がかわること。

(3)
① 適切　　・　　・ア 意味をとりちがえること。
② 誤解　　・　　・イ その場にふさわしいこと。

3 「一緒《しょ》にサッカークラブに入らない？」とさそわれて、次のように答えました。その意味をア・イから選んで、記号で答えましょう。　一つ12〔24点〕

(1) 「いいよ。ほかに入りたいクラブがあるから。」（　　）

(2) 「いいよ。楽しそう。」（　　）

ア 「そうしたい。」と伝えたいとき。

イ さそいを断りたいとき。

答えは68ページ

かくにん 14

教科書㊤102～111ページ

あなたは作家 言葉の広場③ なぜ、わかり合えなかったのかな？

月　日

10分　／100点

1 □にあてはまる漢字を書きましょう。　一つ10〔40点〕

(1) □□《ふくそう》を考える。

(2) 読者の□□《してん》。

(3) □□□《うちゅうせん》

(4) □□《ごかい》を生む。

2 次の「すみません」の言い方には、どんな意味がこめられていますか。ア～ウから選んで、記号で答えましょう。　一つ12〔36点〕

(1) 「すみません。駅までの道を教えてほしいのですが。」（　）

(2) 「めいわくをおかけして、すみませんでした。」（　）

(3) 「手伝っていただきまして、すみません。」（　）

ア 感謝　イ 謝罪　ウ 呼びかけ

3 ――の言葉を、次の意味になるように書き直しましょう。　一つ12〔24点〕

(1) あなたは何で来るの？

↓来る手段《だん》をたずねる意味に。

(2) そのくつ、やばいね。

↓くつをほめている意味に。

答えは68ページ

きほん 15

教科書㊤112～114ページ

漢字の広場③　熟語の使い分け

月　　日

10分　／100点

1 ――の漢字の読み仮《が》名《な》を書きましょう。　一つ8〔40点〕

(1) 書類を回収する。（　　）
(2) 借りた冊数。（　　）
(3) 推測して言う。（　　）
(4) 解決の手段。（　　）
(5) 成功を収める。（　　）

2 次の類義語がどちらも□に入る文に、○をつけましょう。　一つ10〔20点〕

(1) 大事・重要
ア（　）□な話を聞く。
イ（　）友達を□にする。

(2) 制限・限定
ア（　）□時間を気にする。
イ（　）時間が□される。

3 次の文に合う言葉に、○をつけましょう。　一つ10〔40点〕

(1) 理想と｛ア（　）事実／イ（　）現実｝の差に気を落とす。
(2) 今日の算数のテストはとても｛ア（　）簡単／イ（　）簡素｝だった。
(3) 犯人の動機を｛ア（　）予測／イ（　）推測｝する。
(4) 試合にそなえ、練習時間を三十分｛ア（　）延《えん》期／イ（　）延長｝した。

答えは68ページ

かくにん 15

教科書 上 112～114ページ

漢字の広場③ 熟語の使い分け

月　日

10分　／100点

1 □にあてはまる漢字を書きましょう。　一つ8〔40点〕

(1) 資料を□□《かいしゅう》する。

(2) □□《さっすう》を記入する。

(3) 原因を□□《すいそく》する。

(4) □□《しゅだん》を選ばない。

(5) カメラに□《おさ》める。

2 次の熟語と似た意味の熟語を▭から選んで、漢字に直して書きましょう。　一つ8〔32点〕

(1) 配置―□□

(2) 様子―□□

(3) 会話―□□

(4) 経験―□□

せっち　たいけん　たいわ　じょうたい

3 似た意味の熟語が二つできるように、□にあてはまる漢字を▭から選んで書きましょう。　一つ7〔28点〕

(1) 要□―要□

(2) □想―想□

像　望　求　空

答えは68ページ

きほん 16

教科書 上 115ページ

漢字の広場③ 五年生で学んだ漢字③

月　日

10分

／100点

1 ――の漢字の読み仮名《がな》を書きましょう。　一つ4〔100点〕

(1) 医師になる。（　）
(2) 講義を聞く。（　）
(3) 若い夫《ふう》婦。（　）
(4) 古い仏像。（　）
(5) 脈をはかる。（　）
(6) 大学の教授。（　）
(7) 貧しい青年。（　）
(8) 新聞の発刊。（　）
(9) 清潔な布。（　）
(10) 条例を定める。（　）
(11) 大きな墓地。（　）
(12) 主役を演じる。（　）
(13) 勝利を喜ぶ。（　）
(14) 領収書を書く。（　）
(15) 本を出版する。（　）
(16) 不慣れな作業。（　）
(17) 財政の黒字。（　）
(18) 増税が決まる。（　）
(19) 原因を調べる。（　）
(20) 辞書の編集。（　）
(21) 先祖をまつる。（　）
(22) 器具の消毒。（　）
(23) 接客の仕事。（　）
(24) 招待状の発送。（　）
(25) 断言する（　）

答えは68ページ

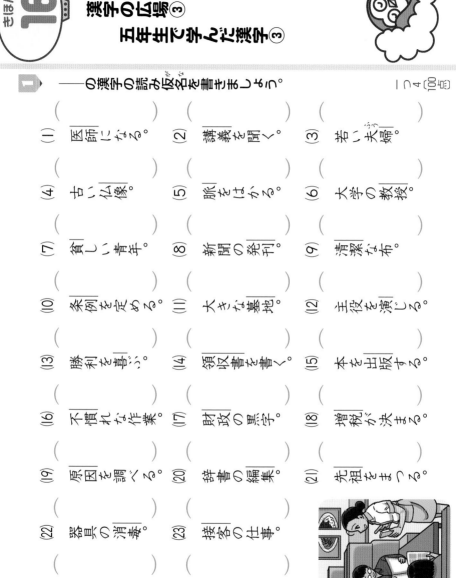

かくにん 16

漢字の広場③ 五年生で学んだ漢字③

教科書㊤115ページ

月　日

10分

／100点

1 □にあてはまる漢字を書きましょう。　一つ5〔100点〕

(1) 商品の□□《かかく》。

(2) □《つま》と□《に》た顔。

(3) □□《しゅっぴ》をおさえる。

(4) □□《せんぞ》の教え。

(5) □□《えいせい》的な台所。

(6) □□《せっきゃく》係になる。

(7) □□《せいけつ》なシャツ。

(8) 雑誌《し》を□□《へんしゅう》する。

(9) オペラの□□《じょきょく》。

(10) □□□《しはいにん》を呼ぶ。

(11) □□□《えいぎょうちゅう》の商店。

(12) □□□《りょうしゅうしょ》をもらう。

(13) □□□《しょうたいじょう》を送る。

(14) テーブルを□《かこ》む。

(15) 事故の□□《げんいん》。

(16) □□《ほんどう》の□□《ぶつぞう》。

(17) 力強く□□《だんげん》する。

(18) えほんを□□《しゅっぱん》する。

答えは68ページ

きほん 17

教科書 ㊦ 7～29ページ

きつねの窓 (1)

月　日

10分　／100点

1 ——の漢字の読み仮名《がな》を書きましょう。　一つ6〔48点〕

(1) 窓を開ける。（　　）
(2) 染め物屋（　　）
(3) 看板を見る。（　　）
(4) 胸がときめく。（　　）
(5) 立派な姿。（　　）
(6) 素《す》敵な色。（　　）
(7) 青に染まる。（　　）
(8) 兄に腹が立つ。（　　）

2 〈例〉にならって、組み合わせてできる言葉を書きましょう。　一つ4〔16点〕

〈例〉走る ＋ 回る →（走り回る）

(1) 話す ＋ 続ける →（　　）
(2) 見る ＋ 慣れる →（　　）
(3) 引く ＋ 返す →（　　）
(4) 放る ＋ 出す →（　　）

3 次の言葉の意味を下から選んで、——で結びましょう。　一つ6〔36点〕

(1) からかう ・　　・ア ごまかして、さける。
(2) 仰《ぎょう》天する ・　　・イ 立ったまま動けなくなる。
(3) はぐらかす ・　　・ウ 非常におどろく。
(4) うなだれる ・　　・エ 喜びや期待などでわくわくする。
(5) ときめく ・　　・オ こまらせて、おもしろがる。
(6) 立ちすくむ ・　　・カ がっかりして首を前に垂れる。

答えは68ページ

かくにん 17

きつねの窓 (1)

教科書㊦7〜29ページ

月　日

10分　／100点

1 □にあてはまる漢字を書きましょう。　一つ8〔40点〕

(1) 大きな□《まど》がある。

(2) 指を□《そ》める。

(3) 店の□□《かんばん》をかける。

(4) □□《りっぱ》な家。

(5) 素《す》□《てき》な時間を過ごす。

2 ――の言葉を、漢字と送り仮名《がな》で書きましょう。　一つ7〔28点〕

(1) 深い山の中で道にまよう。（　　）

(2) 集合写真で顔をよせる。（　　）

(3) 外は風もなくあたたかい。（　　）

(4) 鏡に自分の姿がうつる。（　　）

3 （　）にあてはまる言葉をア〜エから選んで、記号で答えましょう。　一つ8〔32点〕

(1) 弟が（　）声で笑いだしたので、おどろいた。

(2) 久しぶりに会った祖母は私を（　）見つめた。

(3) 祖父の（　）昔話を静かに聞いている。

(4) 司会者は観客に向かって（　）頭を下げた。

ア　しげしげと　　イ　とっぴょうしもない

ウ　とりとめない　　エ　うやうやしく

答えは68ページ

教科書㊦7～37ページ

きつねの窓 (2)
言葉の文化④ 言葉は時代とともに

月 日

10分 ／100点

1 ――の漢字の読み仮《が》名《な》を書きましょう。 一つ6〔66点〕

(1) 感激する （　　）
(2) 一銭もない。 （　　）
(3) 返事に困る。 （　　）
(4) 約束を忘れる。 （　　）
(5) 絹織物の生産。 （　　）
(6) 米俵をかつぐ。 （　　）
(7) 株主の意見。 （　　）
(8) 骨休めの旅行。 （　　）
(9) 養蚕業を営む。 （　　）
(10) 沿線の風景。 （　　）
(11) 先生のお宅。 （　　）

2 ――の漢字の、二通りの読み方を書きましょう。 一つ5〔20点〕

(1)
① 話に感激する。 （　　）
② 流れが激しい。 （　　）

(2)
① 困難に立ち向かう。 （　　）
② 無理な注文に困る。 （　　）

3 夏目漱石《なつめそうせき》と芥川龍之介《あくたがわりゅうのすけ》の作品を、ア～カから二つずつ選んで、記号で答えましょう。 両方できて一つ7〔14点〕

(1) 夏目漱石 （　　）（　　）
(2) 芥川龍之介 （　　）（　　）

ア 『吾輩《わがはい》は猫《ねこ》である』
イ 『万葉集《まんようしゅう》』
ウ 『坊っちゃ《（ぼっちゃ）》ん』
エ 『杜子春《とししゅん》』
オ 『枕草子《まくらのそうし》』
カ 『蜘蛛《くも》の糸』

答えは69ページ

かくにん 18

教科書㊦7〜37ページ

きつねの窓 (2)
言葉の文化④ 言葉は時代とともに

月　日

10分

／100点

1 **□にあてはまる漢字を書きましょう。** 一つ7〔56点〕

(1) 再会に□□《かんげき》する。

(2) □□《いっせん》にもならない。

(3) 返事に□《こま》る。

(4) かさを□《わす》れる。

(5) 美しい□□□《きぬおりもの》。

(6) □□《こめだわら》を積む。

(7) □□《かぶぬし》が集まる。

(8) □□《ほねやす》めをする。

2 **次の俳句の季語を○で囲み、その季語が示す季節を（　）に書きましょう。** 一つ7〔28点〕

(1) 柿《かき》くへ(ヱ)ば鐘《かね》が鳴るなり法隆《ほふりゆう》(ホウリュウ)寺　（　　）

(2) いくたびも雪の深さを尋《たづ》(ズ)ねけり　（　　）

3 **昔と今の言葉で、意味の合うものを——で結びましょう。** 一つ4〔16点〕

(1) えもんかけ・　　・ア　ポット
(2) まほうびん・　　・イ　ハンガー
(3) 白墨《はくぼく》・　　・ウ　チョーク
(4) 暦《こよみ》・　　・エ　カレンダー

答えは69ページ

きほん 19

教科書 ㊦ 38～45ページ

十二歳《さい》の主張
漢字の広場④　音《おん》を表す部分 (1)

月　日

10分

／100点

1 ――の漢字の読み仮《が》名《な》を書きましょう。　一つ6〔60点〕

(1) 疑問に思う。（　　）
(2) 改善する（　　）
(3) 専門家の意見。（　　）
(4) 内閣府の統計。（　　）
(5) 清水がわく。（　　）
(6) 短縮の時間割。（　　）
(7) 山頂に着く。（　　）
(8) 県庁の建物。（　　）
(9) 二枚の絵。（　　）
(10) 山の頂に登る。（　　）

2 意見文の書き方のくふうとして正しいものを二つ選んで、○をつけましょう。　一つ8〔16点〕

ア（　）事実と、自分の感想や意見を分けて書く。
イ（　）問いかけ文を入れて、読者に結論を考えさせる。
ウ（　）自分の意見の根拠《きょ》は、必ず図表にして示す。
エ（　）反対意見を予想して、それに対する反論を書く。

3 次の言葉の意味をア～ウから選んで、記号で答えましょう。　一つ8〔24点〕

(1) 一貫《かん》性（　　）　(2) 推敲《こう》（　　）　(3) 提示（　　）

ア　文章などの内容を何度も考えて直すこと。
イ　はじめから終わりまでつらぬいている様子。
ウ　受け手に情報などを差し出して見せること。

答えは69ページ

かくにん 19

教科書㊦38〜45ページ

十二歳《さい》の主張
漢字の広場④　音《おん》を表す部分（1）

月　日

10分　／100点

1 □にあてはまる漢字を書きましょう。　一つ6〔48点〕

(1) □□《ぎもん》に答える。

(2) 規則を□□《かいぜん》する。

(3) 車の□□□《せんもんか》。

(4) □□□《ないかくふ》の調査。

(5) 時間を□□《たんしゅく》する。

(6) □□《さんちょう》からのながめ。

(7) □□《けんちょう》を見学する。

(8) □□《にまい》のカード。

2 次の言い方は、どんなときに使いますか。ア〜イから選んで、記号で答えましょう。　一つ8〔16点〕

(1) 「〜そうだ。」（　　）

(2) 「確かに〜。しかし……。」「〜していきたい。」（　　）

ア　伝聞を表すとき　　イ　自分の意見を述べるとき

3 □にあてはまる同じ読みの漢字をア〜ケから選んで、記号で答えましょう。　一つ4〔36点〕

(1) 直□（　　）　□過（　　）　□食（　　）

(2) □治（　　）　公□（　　）　□理（　　）

(3) □地（　　）　□手（　　）　□間（　　）

ア　軽　　イ　整　　ウ　旗　　エ　経　　オ　政
カ　期　　キ　径　　ク　正　　ケ　基

答えは69ページ

きほん 20

教科書 ㊦ 44～45ページ

漢字の広場④ 音《おん》を表す部分 (2)

月　日

10分　／100点

1 ――の漢字の読み仮名《がな》を書きましょう。　一つ4〔40点〕

(1) 泉の水をくむ。（　）

(2) 本の批評。（　）

(3) 歌詞を覚える。（　）

(4) 雑誌を読む。（　）

(5) 創刊号（　）

(6) 忠誠をちかう。（　）

(7) 遠足の延期。（　）

(8) 世界の経済。（　）

(9) 温泉に入る。（　）

(10) 文化を創る。（　）

2 ――の漢字の使い方が正しいほうに、○をつけましょう。　一つ5〔60点〕

(1) ア（　）故郷　イ（　）古郷

(2) ア（　）成功　イ（　）成光

(3) ア（　）実祭　イ（　）実際

(4) ア（　）功績　イ（　）功積

(5) ア（　）半経　イ（　）半泾

(6) ア（　）想象　イ（　）想像

(7) ア（　）校旗　イ（　）校期

(8) ア（　）草案　イ（　）草安

(9) ア（　）製粉　イ（　）制粉

(10) ア（　）時束　イ（　）時速

(11) ア（　）登交　イ（　）登校

(12) ア（　）整理　イ（　）正理

答えは69ページ

かくにん20

教科書㊦44〜45ページ

漢字の広場④ 音《おん》を表す部分 (2)

月　日

／100点　10分

1 □にあてはまる漢字を書きましょう。　一つ8〔56点〕

(1) □《いずみ》の冷たい水。

(2) 作品を□□《ひひょう》する。

(3) おもしろい□□《ざっし》。

(4) 五年前に□□《そうかん》した。

(5) 王への□□《ちゅうせい》。

(6) 明日に□□《えんき》する。

(7) □□《けいざい》の仕組み。

2 〈例〉にならって、次の漢字に共通する音と、それを表す部分を書きましょう。　一つ6〔24点〕

〈例〉清―晴　（セイ）音　（青）音を表す部分

(1) 飼―詞　（　　）音　（　　）音を表す部分

(2) 側―測　（　　）　（　　）

3 □にあてはまる、同じ読み方の漢字を書きましょう。　一つ5〔20点〕

(1) セイ　① □粉　② 規□

(2) ゾウ　① 想□　② インド□

答えは69ページ

きほん 21

教科書 下 46ページ

漢字の広場④ 五年生で学んだ漢字④

月　日

10分

／100点

1 ――の漢字の読み仮名《がな》を書きましょう。 一つ4〔100点〕

(1) 語句の意味。（　　）

(2) 総力戦になる。（　　）

(3) 旅行の日程。（　　）

(4) 学校の歴史。（　　）

(5) 寄せ書き（　　）

(6) 成績の発表。（　　）

(7) 得点を出す。（　　）

(8) 武道のけいこ。（　　）

(9) 永久に続く。（　　）

(10) 感謝の気持ち。（　　）

(11) 正確な数字。（　　）

(12) 団体行動（　　）

(13) 準備ができる。（　　）

(14) 夢をもつ。（　　）

(15) 辞書を貸す。（　　）

(16) 大きな可能性。（　　）

(17) くわしい記述。（　　）

(18) 意志を固める。（　　）

(19) 立場が逆転する。（　　）

(20) 救護所の先生。（　　）

(21) 旧校舎の屋根。（　　）

(22) 会に所属する。（　　）

(23) 採点基準（　　）

(24) うさぎの飼育。（　　）

(25) 個人の自由。（　　）

答えは69ページ

かくにん 21

教科書 ㊦ 46ページ

漢字の広場④
五年生で学んだ漢字④

月　　日

10分

／100点

1 □にあてはまる漢字を書きましょう。　一つ5〔100点〕

(1) 首位を□□《どくそう》する。

(2) □《ゆめ》を見る。

(3) 本を□《か》す。

(4) □□《ゆうじょう》に□《あつ》い。

(5) □□《しょぞく》するチーム。

(6) 外国に□□《りゅうがく》する。

(7) □□《えいきゅう》に変わらない。

(8) □□《せいかく》な□□《にってい》。

(9) 旅行の□□《じゅんび》。

(10) □□《しつもん》に答える。

(11) □□《せいせき》が上がる。

(12) 親に□□《かんしゃ》する。

(13) かめの□□《しいく》係。

(14) □《さくら》の木。

(15) □□《ぎゃくてん》勝利

(16) □□□□《さいてんきじゅん》

(17) □□《いし》が強い人。

(18) □□□《きゅうこうしゃ》の教室。

答えは69ページ

きほん 22

教科書 ㊦ 47～61ページ

あなたはどう感じる？　ぼくの世界、君の世界 (1)

月　日

10分　／100点

1 ――の漢字の読み仮名《がな》を書きましょう。　一つ8〔40点〕

(1) 紅葉の季節。（　　）
(2) 真面目な人。（　　）
(3) 話が盛り上がる。（　　）
(4) 秘密をもつ。（　　）
(5) 考えが発展する。（　　）

2 次の言葉の意味をア～エから選んで、記号で答えましょう。　一つ7〔28点〕

(1) 自立（　）　(2) 直面（　）
(3) 保証（　）　(4) 証明（　）

ア　問題にじかに向かい合うこと。
イ　確かなことだとうけあうこと。
ウ　人にたよらないで、ひとりだちすること。
エ　物事の正しさをはっきり示すこと。

3 （　）にあてはまる言葉を［　］から選んで書きましょう。（言葉は一回ずつしか使えません。）　一つ8〔32点〕

(1) 新しい友達とも、（　　）うちとけてきた。
(2) その本がつまらないというのは、（　　）ぼくの意見だ。
(3) ぼくよりも君のほうが（　　）つらいのかもしれない。
(4) ねようとした時、（　　）、昔のことを思い出した。

ずっと　あくまでも　ふと　しだいに

答えは70ページ

かくにん 22

教科書 ㊦ 47～61ページ

あなたはどう感じる？
ぼくの世界、君の世界 (1)

月　　日

10分　／100点

1 □にあてはまる漢字を書きましょう。　一つ10〔40点〕

(1) 美しい□□《こうよう》。

(2) 場が□《も》り上がる。

(3) □□《ひみつ》の話。

(4) 工業が□□《はってん》する。

2 □にあてはまる漢字を□から選んで書きましょう。　一つ15〔30点〕

(1) 具体□な例をあげて説明する。

(2) まだ進歩する可能□がある。

性　的　化

3 次の言葉の意味を下から選んで、——で結びましょう。　一つ8〔24点〕

(1) 極端《たん》・　　・ア　無理にこしらえた笑い。

(2) 作り笑い・　　・イ　あちこちの部分。

(3) はしばし・　　・ウ　とてもかたよっている様子。

4 ——の言葉の意味をア～ウから選んで、記号で答えましょう。　〔6点〕

意見のちがいに気がついたことは、むしろ、喜ばしいことだ。　（　　）

ア　いっそう　　イ　かえって　　ウ　もちろん

答えは70ページ

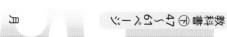

きほん 23

教科書 ㊦ 50〜65ページ

ぼくの世界、君の世界 (2)
「うれしさ」って何？——哲《てつ》学対話をしよう

月　日

10分　／100点

1 ——の漢字の読み仮名《がな》を書きましょう。　一つ5〔60点〕

(1) 否定的な考え。（　　）
(2) 亡命する。（　　）
(3) 世界の宗教。（　　）
(4) 系統立てる。（　　）
(5) 仁義をつくす。（　　）
(6) 聖火ランナー（　　）
(7) 独特の尺度。（　　）
(8) 肺臓の検査。（　　）
(9) 法律の勉強。（　　）
(10) 民衆の意見。（　　）
(11) 胃腸の薬。（　　）
(12) 誕生日を祝う。（　　）

2 〈例〉にならって、——の述語の言いかえを書きましょう。　一つ8〔24点〕

〈例〉ビルが高い。→あのビルの（　高さ　）は日本一だ。

(1) 勝ってうれしい。→勝った（　　　　）を伝える。
(2) 遠足は楽しい。→遠足を（　　　　）にする。
(3) 仕事を体験する。→仕事の（　　　　）について話す。

3 次の言葉の意味をア〜エから選んで、記号で答えましょう。　一つ4〔16点〕

(1) 尺度（　　）　(2) 亡命（　　）
(3) 仁義（　　）　(4) 系統（　　）

ア　外国にのがれること。
イ　守るべきれいぎや道徳。
ウ　順序だったつながり。
エ　ものさし。判断のめやす。

答えは70ページ

かくにん 23

ぼくの世界、君の世界 (2)
「うれしさ」って何？——哲《てつ》学対話をしよう

教科書 ㊦50〜65ページ

月　日

10分　／100点

1 □にあてはまる漢字を書きましょう。　一つ9〔54点〕

(1) 提案を□《ひてい》する。
(2) □《ぼうめい》を受け入れる。
(3) □《しゅうきょう》の儀《ぎ》式。
(4) □《じんぎ》を重んじる。
(5) □《はいぞう》が弱い。
(6) 命の□《たんじょう》。

2 次の文に合うほうに、○をつけましょう。　一つ7〔14点〕

(1) 王の政治に反発して｛ア（　）民衆／イ（　）民族｝が立ち上がる。
(2) オリンピックの｛ア（　）聖歌／イ（　）聖火｝がともる。

3 次の文に合う言葉を□から選んで、漢字で書きましょう。　一つ8〔32点〕

(1) 兄は大学で□の勉強をしている。
(2) 病院で□と□を検査する。
(3) □立てると、わかりやすくなる。

けいとう　いちょう　ほうりつ　はい

答えは70ページ

きほん 24

教科書 ㊦ 70～73ページ

言葉の広場④ その場にふさわしい言い方

月　日

10分

／100点

1 ――の漢字の読み仮名《がな》を書きましょう。 一つ6〔42点〕

(1) 敬意をもつ。（　　）
(2) 担任の先生。（　　）
(3) 閉会を告げる。（　　）
(4) 承知する（　　）
(5) 知恵《え》を拝借する。（　　）
(6) 尊敬語を使う。（　　）
(7) 祖先を敬う。（　　）

2 次の漢字の太い部分は何画めに書きますか。漢数字で書きましょう。 一つ8〔16点〕

(1) 承（　　）画め
(2) 拝（　　）画め

3 改まった言い方が正しいほうに、○をつけましょう。 一つ10〔20点〕

(1)
ア（　）ご質問に答えてください。
イ（　）質問にお答えください。

(2)
ア（　）体育館までご案内してやります。
イ（　）体育館までご案内いたします。

4 より改まった言い方のほうに、○をつけましょう。 一つ11〔22点〕

(1)
ア（　）以上で、発表会を閉会します。
イ（　）これで、発表会を終わります。

(2)
ア（　）筆記具をお借りします。
イ（　）筆記具を拝借します。

答えは70ページ

かくにん 24

言葉の広場④ その場にふさわしい言い方

教科書㊦70〜73ページ

月　日

10分　／100点

1 □にあてはまる漢字を書きましょう。　一つ15〔60点〕

(1) 六年の□□《たんにん》。

(2) □□《へいかい》のあいさつ。

(3) 快く□□《しょうち》する。

(4) ペンを□□《はいしゃく》する。

2 ——の和語を、漢語を使ってより改まった言い方に直したとき、正しいほうに○をつけましょう。　一つ10〔20点〕

(1) 何かありましたら、お知らせください。

ア（　）ご一報ください　イ（　）ご伝言ください

(2) お使いになるときは、キャップをお外しください。

ア（　）ご用命の際は　イ（　）ご使用の際は

3 次のような場合、より改まった言い方のほうに○をつけましょう。　一つ10〔20点〕

(1) 〔お父さんの留守中に、お父さんの知り合いから電話がかかってきた。〕

ア（　）お父さんはまだ帰っていません。

イ（　）父はまだ帰っておりません。

ウ（　）父はまだ帰っておられません。

(2) 〔学級新聞の取材で、市役所の係の人に話を聞いた。〕

ア（　）メモを取りますので、少し待ってください。

イ（　）メモを取るから、ちょっとお待ちください。

ウ（　）メモを取りますので、少々お待ちいただけますか。

答えは70ページ

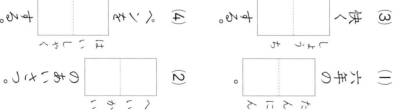

きほん 25

教科書 下 75〜85ページ

月　日

／100点　10分

「迷う」

1 ――の漢字の読み仮《が》名《な》を書きましょう。　一つ7〔28点〕

(1) 深刻な事態。（　）
(2) 思いの外。（　）
(3) 子犬を飼う。（　）
(4) 棒を一本拾う。（　）

2 ――の言葉の意味をア〜エから選んで、記号で答えましょう。　一つ9〔36点〕

(1) 悲しいことがあって食欲《よく》がうせる。（　）
(2) 今あきらめたら、それこそ負けだ。（　）
(3) 工事中の道をうかいする。（　）
(4) ひとしきり泣いたら落ち着いた。（　）

ア　まちがいなく。
イ　回り道をする。
ウ　なくなる。
エ　しばらくの間。

3 （　）にあてはまる言葉を［　］から選んで書きましょう。　一つ9〔36点〕

(1) 十分に用心し（　）、災害はやってくる。
(2) 私がなやんでいる（　）、ちっとも気づいてくれない。
(3) 成績が良いのは、まじめに勉強した（　）だ。
(4) 雨は降った（　）、風は強かったしで、さんざんな一日だった。

［し　のに　たり　ても　から］

答えは70ページ

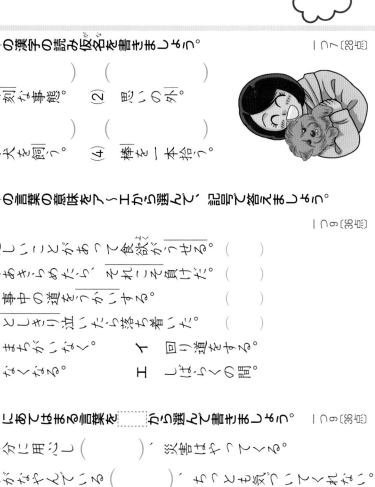

かくにん 25

「迷う」

教科書㊦75～85ページ

月　日

10分　／100点

1 □にあてはまる漢字を書きましょう。　一つ10〔20点〕

(1) □□《しんこく》に考える。

(2) 思いの□《ほか》楽しい。

2 次の言葉に合うものを下から選んで、――で結びましょう。　一つ7〔28点〕

(1) 山の中で道に迷って、こまり・　　・ア　まくる。
(2) 好きなおかずをたくさん食べ・　　・イ　こむ。
(3) 見当ちがいな場所に迷い　・　　・ウ　はてる。
(4) ノートにひと言メモを書き　・　　・エ　たす。

3 反対の意味の言葉として正しいほうに、○をつけましょう。　一つ8〔24点〕

(1) 無用 ア（　）有用　イ（　）愛用
(2) 危険 ア（　）安心　イ（　）安全
(3) 複雑 ア（　）容易　イ（　）単純

4 （　）にあてはまる言葉をア～エから選んで、記号で答えましょう。　一つ7〔28点〕

(1) もしかすると、来ないかも（　）。
(2) たぶん、これが最も速い車（　）。
(3) 今回の旅行の思い出は、決してわすれは（　）。
(4) 全部そろっていて、なんの不足も（　）。

ア　しない　　イ　ない　　ウ　だろう　　エ　しれない

答えは70ページ

きほん 26

教科書㊦86～91ページ

六年間の思い出をつづろう ——卒業文集
言葉と私たち

月　日

10分　／100点

1 ——の漢字の読み仮名《がな》を書きましょう。　一つ5〔30点〕

(1) 優勝チーム（　　）　(2) 息を吸う。（　　）　(3) 薬を吸入する。（　　）

(4) 先生を尊敬する。（　　）　(5) 貴重な経験。（　　）　(6) 意見が異なる。（　　）

2 次の言葉の意味をア～オから選んで、記号で答えましょう。　一つ8〔40点〕

(1) 特別（　　）　(2) 参考（　　）

(3) 教訓（　　）　(4) 分断（　　）

(5) 指標（　　）

ア　調べたり、自分で考えたりするとき手がかりにすること。
イ　一つのまとまりを切りはなすこと。
ウ　他のものとはっきり区別があること。
エ　物事の判断や評価の目じるしとなるもの。
オ　教えさとすことや、その教え。

3 （　）にあてはまる言葉をア～ウから選んで、記号で答えましょう。　一つ10〔30点〕

(1) 一日中勉強して過ごすこと（　　）ある。

(2) 遊園地のおばけ（　　）こわくない。

(3) 私は三冊（　　）本を持っていない。

ア　なんて　　イ　しか　　ウ　さえ

答えは70ページ

かくにん 26

教科書 ㊦ 86〜91ページ

六年間の思い出をつづろう ——卒業文集
言葉と私たち

月　日

10分　／100点

1 □にあてはまる漢字を書きましょう。　一つ6〔36点〕

(1) 大会で□□《ゆうしょう》する。　(2) 空気を□《す》う。

(3) 酸素の□□《きゅうにゅう》。　(4) 兄を□□《そんけい》する。

(5) □□《きちょう》な品。　(6) □《こと》なる種類の魚。

2 □にあてはまる漢字を〔　〕から選んで書きましょう。　一つ8〔24点〕

(1) 達成□　(2) 効率□　(3) □可欠

〔的　不　感〕

3 心に残っていることを書くときに気をつけることをまとめました。（　）にあてはまる言葉を〔　〕から選んで、書きましょう。　一つ10〔40点〕

(1) 友達と話し合い、（　　）に思い出す。

(2) 文章の（　　）に、伝えたいことが何かを示す。

(3) その時の様子や（　　）にぴったりと合う言葉を選ぶ。

(4) 他の何かに（　　）表現を使う。

〔始め　気持ち　たとえる　具体的〕

答えは70ページ

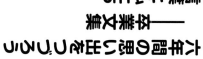

きほん 27

教科書 ㊦ 92〜93ページ

漢字の広場⑤ 同じ訓をもつ漢字

月　日

10分

／100点

1 ――の漢字の読み仮《が》名《な》を書きましょう。 一つ6〔66点〕

(1) 兄の就職。（　　）
(2) 花びんの価値。（　　）
(3) 憲法学の本。（　　）
(4) 税を納める。（　　）
(5) 連盟に入る。（　　）
(6) 制度の改革。（　　）
(7) 楽団の指揮者。（　　）
(8) 卵を焼く。（　　）
(9) 寸法を測る。（　　）
(10) 鋼材の輸入。（　　）
(11) 故人に花を供える。（　　）

2 漢字の使い方が正しいほうに、○をつけましょう。 一つ6〔24点〕

(1) 指のけがが
　ア（　）治る。
　イ（　）直る。

(2) 今日は、四月とは思えないほど
　ア（　）熱い。
　イ（　）暑い。

(3) 君のほうが足は
　ア（　）早い。
　イ（　）速い。

(4) サッカーの試合に
　ア（　）敗れる。
　イ（　）破れる。

3 次の言葉に合うものを下から選んで、――で結びましょう。 一つ5〔10点〕

(1) 店は朝十時から・　　・ア 空く。
(2) バスの席が一つ・　　・イ 開く。

答えは71ページ

かくにん 27

漢字の広場⑤　同じ訓をもつ漢字

教科書㊦92～93ページ

月　　日

10分

／100点

1 □にあてはまる漢字を書きましょう。　一つ6〔48点〕

(1) □□《しゅうしょく》が内定する。

(2) 品物の□□《かち》。

(3) □□□《けんぽうがく》の知識。

(4) □□《れんめい》の組織。

(5) 組織の□□《かいかく》。

(6) □□□《しきしゃ》を見る。

(7) ゆで□《たまご》を食べる。

(8) 洋服の□□《すんぽう》。

2 □にあてはまる、同じ読み方の漢字を書きましょう。　一つ6〔36点〕

(1)
① 勉学に□《つと》める。
② 会社に□《つと》める。
③ 委員を□《つと》める。

(2)
① 時間を□《はか》る。
② 重さを□《はか》る。
③ 長さを□《はか》る。

3 ―の漢字はまちがっています。正しい漢字を書きましょう。　一つ8〔16点〕

(1) 地しんに供えて、家具を固定する。（　　）

(2) 社会人になり、税金を国に修める。（　　）

答えは71ページ

教科書㊦94ページ

漢字の広場⑤ 五年生で学んだ漢字⑤

月　日

10分　／100点

1 ――の漢字の読み仮《が》名《な》を書きましょう。　一つ4〔100点〕

(1) 豊かな実り。（　　）
(2) 貯水の仕組み。（　　）
(3) 険しい山。（　　）
(4) 河口に向かう。（　　）
(5) 野鳥の保護。（　　）
(6) 日本の住居。（　　）
(7) 鉱物をほり出す。（　　）
(8) 風紀を正す。（　　）
(9) 粉末の薬。（　　）
(10) 指示を出す。（　　）
(11) 新しい建築物。（　　）
(12) 快適な気候。（　　）
(13) 精米を食べる。（　　）
(14) 許可がおりる。（　　）
(15) 大勢の人。（　　）
(16) 立ち入り禁止。（　　）
(17) 経験を積む。（　　）
(18) 暴風がふく。（　　）
(19) 組織を作る。（　　）
(20) 正しく導く。（　　）
(21) 調査の対象物。（　　）
(22) 土地を耕す。（　　）
(23) 興味を示す。（　　）
(24) 土地の境界線。（　　）
(25) 太い幹。（　　）

答えは71ページ

かくにん 28

漢字の広場⑤ 五年生で学んだ漢字⑤

教科書㊦94ページ

月　日

10分　／100点

1 □にあてはまる漢字を書きましょう。　一つ5〔100点〕

(1) 畑を□《たがや》す。

(2) □□□《きょうかいせん》を引く。

(3) □□《きょか》をもらう。

(4) 会社の□□□《せきにんしゃ》。

(5) 場面を□□《さいげん》する。

(6) 大きな□□《そしき》。

(7) □□《しき》を高める。

(8) □□《おうふく》一時間かかる。

(9) □□《かいてき》な部屋。

(10) 先生に□□《ほうこく》する。

(11) □《けわ》しい表情。

(12) 木の□《みき》と□《えだ》。

(13) □□《べんとう》を食べる。

(14) □□《ほご》して□《みちび》く。

(15) □□《きょうみ》をもつ。

(16) クラスを□《とう》率《そっ》する。

(17) 畑に□□《ひりょう》をまく。

(18) たんぽぽの□□《わたげ》。

答えは71ページ

きほん 29

教科書㊦95〜113ページ

月　日

10分

／100点

津《つ》田《だ》梅《うめ》子《こ》　——未来をきりひらく「人」への思い (1)

1 ——の漢字の読み仮名《がな》を書きましょう。　一つ8〔56点〕

(1) 幕府の政治。( )
(2) 通訳をする。( )
(3) 机の上。( )
(4) 翌年の計画。( )
(5) 失敗を認める。( )
(6) 水を吸収する。( )
(7) 背中をおす。( )

2 ——の漢字の、二通りの読み仮名を書きましょう。　一つ6〔24点〕

(1) ① 幕末の出来事。( )
② 幕が上がる。( )

(2) ① 外国語の通訳。( )
② おくれた訳を話す。( )

3 ( )にあてはまる言葉をア〜エから選んで、記号で答えましょう。　一つ5〔20点〕

(1) 父は、( )仕事で海外へ行くことがある。
(2) はなれて暮らすおじとは( )会う機会がない。
(3) ( )今日は発表会の本番の日だ。
(4) 道を( )前に進むと海が見えてきた。

ア ときどき　イ いよいよ
ウ なかなか　エ どんどん

答えは71ページ

かくにん 29

津田梅子《つだうめこ》――未来をきりひらく「人」への思い (1)

教科書 ㊦ 95～113ページ

月　日

10分　／100点

1 □にあてはまる漢字を書きましょう。 一つ8〔40点〕

(1) 江戸《えど》□□《ばくふ》

(2) 英語の□□《つうやく》。

(3) □《つくえ》を並べる。

(4) □□《よくねん》の大会。

(5) 実力を□《みと》める。

2 次の言葉の意味をア～カから選んで、記号で答えましょう。 一つ6〔36点〕

(1) 天真らんまん（　）

(2) なげく（　）

(3) うち明ける（　）

(4) 天職（　）

(5) またたくま（　）

(6) 志（　）

ア　ほんのわずかの間。

イ　ひどく悲しむ。

ウ　明るくむじゃきであること。

エ　自分がこうしようと心に決めたこと。

オ　自分の思いを初めて人に話す。

カ　自分に合っていると感じる仕事。

3 次の言葉に合うものを下から選んで、――で結びましょう。 一つ6〔24点〕

(1) ゴールへの絶好の機会を・　　・ア　しめくくる。

(2) これまでにない大きな困難を・　　・イ　とらえる。

(3) 目の前にある現実的な問題に・　　・ウ　かかえる。

(4) もり上がったコンサートの最後を・　　・エ　取り組む。

答えは71ページ

きほん 30

教科書 下 95〜119ページ

津田梅子《つだうめこ》 ——未来をきりひらく「人」への思い (2)
言葉の広場⑤ 日本語の文字

月　日

10分　／100点

1 ——の漢字の読み仮名《がな》を書きましょう。　一つ10〔50点〕

(1) 社会の潮流。（　　）
(2) 安全の保障。（　　）
(3) 宝さがしをする。（　　）
(4) 著名な学者。（　　）
(5) 意味が異なる。（　　）

2 次の文の（　）にあてはまる言葉を□から選んで、書きましょう。　一つ8〔32点〕

(1) 平仮名も片仮名も、（　　）の一音一音を表すために、漢字をもとにしてつくられた文字である。
(2) 音だけを表すために用いられた漢字を（　　）という。
(3) （　　）は、漢字をくずして書いた形からつくられたものである。
(4) （　　）は、漢字の書き出しのところや最後の一部分をとってつくられたものである。

中国語　日本語　平仮名　片仮名　万葉《まんよう》仮名　ローマ字

3 □から「学校」に関する言葉を三つ選んで、書きましょう。　一つ6〔18点〕

（　　）（　　）（　　）

指導　勉強　同意　育てる　営む　精密

答えは71ページ

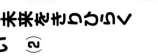

かくにん30

教科書㊦95〜119ページ

津田梅子《つだうめこ》　——未来をきりひらく
「人」への思い　(2)
言葉の広場⑤　日本語の文字

月　日

／100点　10分

1 □にあてはまる漢字を書きましょう。　一つ10〔40点〕

(1) 時代の□《ちょうりゅう》。

(2) 自由を□《ほしょう》する。

(3) □《たから》を手に入れる。

(4) □《ちょめい》な画家。

2 次の漢字の成り立ちをア〜エから選んで、記号で答えましょう。　一つ6〔36点〕

(1) 下（　　）　(2) 信（　　）　(3) 鳴（　　）

(4) 山（　　）　(5) 時（　　）　(6) 草（　　）

ア　物の形をかたどってできたもの（象形《しょうけい》文字）

イ　数や位置を示したもの（指《し》事文字）

ウ　意味を表す部分を組み合わせてできたもの（会意《かいい》文字）

エ　意味を表す部分と音を表す部分とを組み合わせたもの（形声《けいせい》文字）

3 次の文のうち、平仮名《がな》について述べている文には○を、片仮名について述べている文には×をつけましょう。　一つ6〔24点〕

(1)（　　）漢字の一部分からつくられた。

(2)（　　）外来語を書き表すのに使われる。

(3)（　　）漢字をくずした形からつくられた。

(4)（　　）物の音や鳴き声などを表すのに使われる。

答えは71ページ

きほん 31

教科書㊦120～122ページ

漢字の広場⑥　さまざまな読み方
特別な読み方の言葉

月　日

10分　／100点

1 ――の漢字の読み仮名《がな》を書きましょう。　一つ8〔40点〕

(1) 従者の登場。（　　）

(2) 劇の配役。（　　）

(3) 牛乳を配る。（　　）

(4) 詩の朗読。（　　）

(5) 係の一覧表。（　　）

2 次の――の言葉の読み仮名を書きましょう。　一つ9〔45点〕

(1) 兄はもの知り博士だ。（　　）

(2) 絵が苦手で下手だ。（　　）

(3) 迷子のお知らせの放送。（　　）

(4) 真っ青な空がきれいだ。（　っ　）

(5) 祖父の眼鏡をさがす。（　　）

3 ――の漢字の読み仮名として正しいほうに、○をつけましょう。　一つ5〔15点〕

(1) 子どもが、風車｛ア（　）ふうしゃ　イ（　）かざぐるま｝を持って走る。

(2) 選手のサインを色紙｛ア（　）しきし　イ（　）いろがみ｝に書いてもらう。

(3) テレビドラマの結末が見物｛ア（　）みもの　イ（　）けんぶつ｝だ。

答えは71ページ

かくにん 31

漢字の広場⑥　さまざまな読み方
特別な読み方の言葉

教科書 ㊦ 120～122ページ

月　　日

10分　／100点

1 □にあてはまる漢字を書きましょう。　一つ８〔40点〕

(1) 王の□□《じゅうしゃ》が来る。

(2) □《げき》のせりふ。

(3) 毎朝□□《ぎゅうにゅう》を飲む。

(4) 順に□□《ろうどく》する。

(5) □□□《いちらんひょう》を作る。

2 次の漢字の送り仮名《がな》に合う読み方を（　）に書きましょう。　一つ６〔24点〕

(1) ① 冷（　　）める　② 冷（　　）える

(2) ① 苦（　　）い　② 苦（　　）しい

3 ――の漢字の読み仮名を書きましょう。　一つ６〔36点〕

(1) ① エンジンが空回りする。（　　）
② 空に向かってさけぶ。（　　）

(2) ① 日本列島が寒気におおわれる。（　　）
② 考えただけで寒気がする。（　　）

(3) ① あと十分もあれば準備できます。（　　）
② 十分に注意してください。（　　）

答えは72ページ

答え

1　3・4ページ

1 (1)せすじ　(2)おさな　(3)うら　(4)ふる　(5)じしゃく　(6)せいくら　(7)きんにく　(8)ようちゅう

2 (1)ウ　(2)オ　(3)ア　(4)エ　(5)イ

3 (1)イ　(2)ウ　(3)エ　(4)ア

★★★

1 (1)背筋　(2)幼　(3)奮　(4)磁石

2 (1)イ　(2)エ　(3)オ　(4)ア　(5)ウ

3 (1)イ　(2)ア

2　5・6ページ

1 (1)ふ　(2)ゆうぐ　(3)はい　(4)お　(5)あたた　(6)わたし　(7)しょうらい

2 (1)ウ　(2)ア　(3)イ

3 (1)ウ　(2)ア　(3)エ　(4)イ

★★★

1 (1)夕暮　(2)灰　(3)暖　(4)私　(5)将来　(6)寒暖計　(7)私鉄

2 (1)降る　(2)降りる

3 (1)この店は　(2)言われました

3　7・8ページ

1 (1)じゅくご　(2)なら　(3)しょもんだい　(4)ききんぞく　(5)ぼうじしゃく　(6)えんそう　(7)でんしゃちん　(8)そう　(9)じこしゅちょう　(10)いっしんいったい

2 (1)イ　(2)エ　(3)ウ　(4)ア　(5)ア　(6)イ

3 (1)非　(2)不

★★★

1 (1)並　(2)諸問題　(3)貴金属　(4)演奏　(5)賃　(6)層　(7)自己　(8)一退

2 (1)ウ　(2)ア　(3)エ　(4)イ

3 (1)入試　(2)図工　(3)終電　(4)高校

4　9・10ページ

1 (1)ゆうびん　(2)いさん　(3)しょり　(4)じょうき　(5)たいさく　(6)だいこんらん　(7)きぼ　(8)けん　(9)みだ

2 (1)ウ　(2)イ　(3)ア　(4)エ

3 (1)国立／競技／場　(2)選挙／管理／委員／会

★★★

1 (1)郵便　(2)遺産　(3)処理　(4)蒸気　(5)対策　(6)混乱　(7)規模　(8)券

2 (1)イ　(2)エ　(3)ア　(4)ウ

3 (1)三・四　(2)一・二

5 11・12ページ

1 (1)ぬの (2)かいせつ (3)つ
(4)しょう (5)ようけん
(6)ぼうさい (7)いどう
(8)しょくいん (9)ちしき (10)まよ
(11)はんざいぼうし (12)まか
(13)ろうがんきょう (14)がく (15)みは
(16)つうか (17)ふざい (18)じむ
(19)ぜっさん (20)はんてい
(21)どうぞう (22)せいふく (23)そざい
(24)こうひょう (25)おうたい

★★★

1 (1)通過 (2)職員・応対 (3)非常
(4)老眼鏡 (5)賞 (6)告
(7)殺風景 (8)知識 (9)判定 (10)事務
(11)犯罪 (12)解説 (13)任
(14)制服・素材 (15)好評 (16)不在
(17)銅像 (18)移動

6 13・14ページ

1 (1)たてほうこう (2)いじょう
(3)きき (4)そんざい (5)じょせつ
(6)れいぞうこ (7)ほぞん (8)とう
(9)ちいき (10)よ (11)しゅのう
(12)にわり (13)す (14)かくだい

2 (1)①じょ ②のぞ
(2)①しゃ ②す

3 (1)ア (2)ウ (3)イ

★★★

1 (1)異常 (2)除雪 (3)冷蔵庫 (4)糖
(5)地域 (6)呼 (7)捨 (8)拡大

2 (1)イ (2)エ (3)ウ (4)ア

3 (1)イ (2)エ (3)ウ (4)ア

7 15・16ページ

1 (1)せんげん (2)きょうど
(3)ほじょ (4)てんのうへいか
(5)こうごう (6)とうしゅ
(7)たんじゅん (8)さんけん
(9)こうこう (10)きび (11)きず

2 (1)ウ (2)イ (3)ア (4)エ

3 (1)イ (2)ウ (3)ア

★★★

1 (1)郷土 (2)補助 (3)天皇陛下
(4)皇后 (5)党首 (6)三権 (7)傷

2 (1)減少 (2)高温 (3)間接 (4)原因

3 (1)単純 (2)宣言 (3)孝行

8 17・18ページ

1 (1)ろんだい (2)とうろん (3)なん
(4)かんけつ (5)はいく (6)あまだ
(7)ごげん (8)むずか

2 (1)ウ (2)カ (3)エ (4)オ (5)イ
(6)ア

3 ア・エ

★★★

1 (1)論題 (2)討論 (3)難 (4)俳句
(5)垂 (6)語源

2 (1)イ (2)ア

3 (1)イ (2)ア (3)ア

9 19・20ページ

1 (1)すがた (2)はり (3)しんようじゅ
(4)あず (5)けいさつしょ (6)きんむ
(7)われわれ (8)そうさ (9)さいだん
(10)りんじ

2 (1)①ウ ②ア ③イ
(2)①ア ②ウ ③イ
3 (1)イ (2)ア

★★★

1 (1)姿 (2)針葉樹 (3)預
(4)警察署 (5)我・勤務 (6)操作
(7)裁断 (8)臨時
2 (1)①オ ②ウ ③エ
(2)①カ ②イ (3)①キ ②ア

10 21・22ページ

1 (1)へいきん (2)ようき
(3)りゃくず (4)ゆしゅつ
(5)じったい (6)かてい (7)ぎじゅつ
(8)げんかい (9)げんしょう (10)くら
(11)ていし (12)せいひん
(13)ねんりょう (14)ふくざつ
(15)ていしゅつ (16)ぼうえき
(17)あつりょく (18)しゅうり
(19)えきたい (20)けんさ
(21)こくさいてき (22)こうぞう
(23)りえき (24)きそく (25)せっけいず

★★★

1 (1)技術 (2)製品・検査 (3)輸出
(4)事故防止 (5)破損 (6)燃料・余
(7)証明 (8)酸素 (9)効率 (10)混
(11)貿易 (12)測定 (13)模型 (14)構造
(15)提出 (16)資料 (17)修理 (18)出航

11 23・24ページ

1 (1)わか (2)あら (3)うつ
(4)かたいっぽう (5)ま (6)すな
(7)あなぐら (8)さが (9)ばん (10)ほ
(11)うつ
2 (1)ぴしゃりと (2)さらさら
(3)ぷかぷか (4)せっせと
3 (1)イ (2)エ (3)ア (4)ウ

★★★

1 (1)洗 (2)砂 (3)穴倉（蔵） (4)晩
(5)干
2 (1)三 (2)五
3 (1)エ (2)ア (3)イ (4)ウ (5)カ
(6)オ

12 25・26ページ

1 (1)こくう (2)し (3)おん
(4)した (5)い (6)ざ (7)よく
(8)いた (9)はんしゃ
2 (1)オ (2)ウ (3)ア (4)イ (5)エ
3 (1)イ (2)ウ (3)ア

★★★

1 (1)穀雨 (2)至 (3)恩 (4)舌
(5)射 (6)座 (7)欲
2 (1)洗う (2)取り巻く
3 (1)ウ (2)エ (3)ア (4)イ

13 27・28ページ

1 (1)とど (2)たず (3)はん
(4)いた (5)ずつう
2 (1)比べる (2)探す (3)唱える
(4)燃やす
3 (1)ごぎょう・すずしろ
(2)かみなり (3)なすび

★★★

1 (1)届 (2)訪 (3)班 (4)痛
2 (1)エ (2)ア (3)ウ (4)イ

3 (1)人 (2)目

14 29・30ページ

1 (1)ふくそう (2)してん (3)うちゅうせん (4)ごかい (5)あやま

2 (1)①イ ②ア (2)①ア ②イ (3)①イ ②ア

3 (1)イ (2)ア

★★★

1 (1)服装 (2)視点 (3)宇宙船 (4)誤解

2 (1)ウ (2)イ (3)ア

3 (1)(例)何を使って来るの (2)(例)すてきだね

15 31・32ページ

1 (1)かいしゅう (2)さっすう (3)すいそく (4)しゅだん (5)おさ

2 (1)ア (2)イ

3 (1)イ (2)ア (3)イ (4)イ

★★★

1 (1)回収 (2)冊数 (3)推測 (4)手段 (5)収

2 (1)設置 (2)状態 (3)対話 (4)体験

3 (1)は順序なし) (1)望・求 (2)空・像

16 33・34ページ

1 (1)いし (2)こうぎ (3)ふ (4)ぶつぞう (5)みゃく

(6)きょうじゅ (7)まず (8)はっかん (9)せいけつ (10)じょうれい (11)ぼち (12)えん (13)よろこ (14)りょうしゅうしょ (15)しゅっぱん (16)ふな (17)ざいせい (18)ぞうぜい (19)げんいん (20)へんしゅう (21)せんぞ (22)しょうどく (23)せっきゃく (24)しょうたいじょう (25)だんげん

★★★

1 (1)価格 (2)妻・似 (3)出費 (4)先祖 (5)衛生 (6)接客 (7)清潔 (8)編集 (9)序曲 (10)支配人 (11)営業中 (12)領収書 (13)招待状 (14)囲 (15)原因 (16)本堂・仏像 (17)断言 (18)出版

17 35・36ページ

1 (1)まど (2)そ (3)かんばん (4)むね (5)りっぱ (6)てき (7)そ (8)はら

2 (1)話し続ける (2)見慣れる (3)引き返す (4)放り出す

3 (1)オ (2)ウ (3)ア (4)カ (5)エ (6)イ

★★★

1 (1)窓 (2)染 (3)看板 (4)立派 (5)敵

2 (1)迷う (2)寄せる (3)暖かい (4)映る

3 (1)イ (2)ア (3)ウ (4)エ

18 37・38ページ

1 (1)かんげき (2)いっせん
(3)こま (4)わす (5)きぬおりもの
(6)こめだわら (7)かぶぬし
(8)ほねやす (9)ようさんぎょう
(10)えんせん (11)たく

2 (1)①げき ②はげ
(2)①こん ②こま

3 (順序なし) (1)ア・ウ (2)エ・カ

★★★

1 (1)感激 (2)一銭 (3)困 (4)忘
(5)絹織物 (6)米俵 (7)株主 (8)骨休

2 (季語・季節の順で) (1)柿・秋
(2)雪・冬

3 (1)イ (2)ア (3)ウ (4)エ

19 39・40ページ

1 (1)ぎもん (2)かいぜん
(3)せんもんか (4)ないかくふ
(5)しみず (6)たんしゅく
(7)さんちょう (8)けんちょう
(9)にまい (10)いただき

2 ア・エ

3 (1)イ (2)ア (3)ウ

★★★

1 (1)疑問 (2)改善 (3)専門家
(4)内閣府 (5)短縮 (6)山頂 (7)県庁
(8)二枚

2 (1)ア (2)イ

3 (右から) (1)キ・エ・ア
(2)オ・ク・イ
(3)ケ・ウ・カ

20 41・42ページ

1 (1)いずみ (2)ひひょう (3)かし
(4)ざっし (5)そうかん
(6)ちゅうせい (7)えんき
(8)けいざい (9)おんせん (10)つく

2 (1)ア (2)ア (3)イ (4)ア (5)イ
(6)イ (7)ア (8)ア (9)ア (10)イ
(11)イ (12)ア

★★★

1 (1)泉 (2)批評 (3)雑誌 (4)創刊
(5)忠誠 (6)延期 (7)経済

2 (音《おん》・音を表す部分の順番で)
(1)シ・司 (2)ソク・則

3 (1)①製 ②制 (2)①像 ②象

21 43・44ページ

1 (1)ごく (2)そうりょくせん
(3)にってい (4)れきし (5)よ
(6)せいせき (7)とくてん (8)ぶどう
(9)えいきゅう (10)かんしゃ
(11)せいかく (12)だんたい
(13)じゅんび (14)ゆめ (15)か
(16)かのうせい (17)きじゅつ (18)いし
(19)ぎゃくてん (20)きゅうごしょ(じょ)
(21)きゅうこうしゃ (22)しょぞく
(23)さいてんきじゅん (24)しいく
(25)こじん

★★★

1 (1)独走 (2)夢 (3)貸 (4)友情・厚
(5)所属 (6)留学 (7)永久
(8)正確・日程 (9)準備 (10)質問
(11)成績 (12)感謝 (13)飼育 (14)桜
(15)逆転 (16)採点基準 (17)意志

(18)旧校舎

22 45・46ページ

1 (1)こうよう (2)まじめ (3)も (4)ひみつ (5)はってん

2 (1)ウ (2)ア (3)イ (4)エ

3 (1)しだいに (2)あくまでも (3)ずっと (4)ふと

★★★

1 (1)紅葉 (2)盛 (3)秘密 (4)発展

2 (1)的 (2)性

3 (1)ウ (2)ア (3)イ

4 イ

23 47・48ページ

1 (1)ひてい (2)ぼうめい (3)しゅうきょう (4)けいとう (5)じんぎ (6)せいか (7)しゃくど (8)はいぞう (9)ほうりつ (10)みんしゅう (11)いちょう (12)たんじょうび

2 (1)うれしさ (2)楽しみ (3)体験

3 (1)エ (2)ア (3)イ (4)ウ

★★★

1 (1)否定 (2)亡命 (3)宗教 (4)仁義 (5)肺臓 (6)誕生

2 (1)ア (2)イ

3 (1)法律 (2)肺・胃腸 (3)系統

24 49・50ページ

1 (1)けいい (2)たんにん (3)へいかい (4)しょうち (5)はいしゃく (6)そんけいご (7)うやま

2 (1)三 (2)八

3 (1)イ (2)イ

4 (1)ア (2)イ

★★★

1 (1)担任 (2)閉会 (3)承知 (4)拝借

2 (1)ア (2)イ

3 (1)イ (2)ウ

25 51・52ページ

1 (1)しんこく (2)ほか (3)か (4)ぼう

2 (1)ウ (2)ア (3)イ (4)エ

3 (1)ても (2)のに (3)から (4)し

★★★

1 (1)深刻 (2)外

2 (1)ウ (2)ア (3)イ (4)エ

3 (1)ア (2)イ (3)イ

4 (1)エ (2)ウ (3)ア (4)イ

26 53・54ページ

1 (1)ゆうしょう (2)す (3)きゅうにゅう (4)そんけい (5)きちょう (6)こと

2 (1)ウ (2)ア (3)オ (4)イ (5)エ

3 (1)ウ (2)ア (3)イ

★★★

1 (1)優勝 (2)吸 (3)吸入 (4)尊敬 (5)貴重 (6)異

2 (1)感 (2)的 (3)不

3 (1)具体的 (2)始め (3)気持ち

(4)たとえる

27 55・56ページ

1 (1)しゅうしょく (2)かち
(3)けんぽうがく (4)おさ
(5)れんめい (6)かいかく
(7)しきしゃ (8)たまご (9)すんぽう
(10)こうざい (11)そな

2 (1)ア (2)イ (3)イ (4)ア

3 (1)イ (2)ア

★★★

1 (1)就職 (2)価値 (3)憲法学
(4)連盟 (5)改革 (6)指揮者 (7)卵
(8)寸法

2 (1)①努 ②勤 ③務
(2)①計 ②量 ③測

3 (1)備 (2)納

28 57・58ページ

1 (1)ゆた (2)ちょすい (3)けわ
(4)かこう (5)ほご (6)じゅうきょ
(7)こうぶつ (8)ふうき (9)ふんまつ
(10)しじ (11)けんちくぶつ
(12)かいてき (13)せいまい (14)きょか
(15)おおぜい (16)きんし (17)けいけん
(18)ぼうふう (19)そしき (20)みちび
(21)たいしょうぶつ (22)たがや
(23)きょうみ (24)きょうかいせん
(25)みき

★★★

1 (1)耕 (2)境界線 (3)許可
(4)責任者 (5)再現 (6)組織 (7)士気
(8)往復 (9)快適 (10)報告 (11)険

(12)幹・枝 (13)弁当 (14)保護・導
(15)興味 (16)統 (17)肥料 (18)綿毛

29 59・60ページ

1 (1)ばくふ (2)つうやく (3)つくえ
(4)よくねん（よくとし） (5)みと
(6)きゅうしゅう (7)せなか

2 (1)①ばく ②まく
(2)①やく ②わけ

3 (1)ア (2)ウ (3)イ (4)エ

★★★

1 (1)幕府 (2)通訳 (3)机 (4)翌年
(5)認

2 (1)ウ (2)イ (3)オ (4)カ (5)ア
(6)エ

3 (1)イ (2)ウ (3)エ (4)ア

30 61・62ページ

1 (1)ちょうりゅう (2)ほしょう
(3)たから (4)ちょめい (5)こと

2 (1)日本語 (2)万葉仮名 (3)平仮名
(4)片仮名

3 （順序なし）指導・勉強・育てる

★★★

1 (1)潮流 (2)保障 (3)宝 (4)著名

2 (1)イ (2)ウ (3)ウ (4)ア (5)エ
(6)エ

3 (1)× (2)× (3)○ (4)×

31 63・64ページ

1 (1)じゅうしゃ (2)げき
(3)ぎゅうにゅう (4)ろうどく

(5)いちらんひょう

2 (1)はかせ　(2)へた　(3)まいご

(4)ま（つ）さお　(5)めがね

3 (1)イ　(2)ア　(3)ア

★★★

1 (1)従者　(2)劇　(3)牛乳　(4)朗読

(5)一覧表

2 (1)①さ　②ひ

(2)①にが　②くる

3 (1)①から　②そら

(2)①かんき　②さむけ

(3)①じっぷん（じゅっぷん）

②じゅうぶん

3 2 1 0 9 8 7 6 5 4　＊＊DCBA